UNA MUJER A CONTRALUZ

Isabel Fernández Bernaldo de Quirós

UNA MUJER A CONTRALUZ

 Ondina Ediciones

 **Ondina Ediciones**

© Texto: Isabel Fernández Bernaldo de Quirós

© Edición: Ondina Ediciones

© Fotografía solapa: Isabel W

ISBN: 979-13-991443-4-5

Depósito legal: M-2998-2026

Primera edición: febrero de 2026

Facebook: **Ondinaediciones**

Instagram: **@ondinaediciones**

www.ondinaediciones.com

info@ondinaediciones.com

Impreso en España

A Antonio Daganzo,
querido amigo y maestro.

A mi familia.

EL PRODIGIO DE SER

Una mujer a contraluz, el último libro de Isabel Fernández Bernaldo de Quirós, anuncia desde el título un propósito que llama la atención al lector. ¿Una mujer a contraluz? ¿Y eso por qué? Si es así, la figura de esa mujer no muestra su rostro porque la luz viene de atrás y la deja en una oscuridad relativa. Por tanto, si no vemos el rostro ¿qué se ve de ella? La respuesta más impremeditada e inmediata, es decir: lo que se ve de ella es el alma, que no necesita ser iluminada por una luz externa sino por otra interior, que brota de dentro del espíritu mismo. Y entonces, con esa respuesta, ya tenemos la clave: lo que vemos en este libro es el alma de esa mujer que se anuncia en el título. ¿Y qué vemos de esa alma? Vemos muchas cosas y se puede decir que todas ellas asumen claves humanas profundas, ya no femeninas, sino también masculinas, al menos en la medida en que yo –lector masculino– he hecho mías esas claves.

La memoria es una de ellas, que desemboca en una reflexión profunda, en la que nos podemos reconocer muchos, yo desde luego sí: "Oye, ¿y tú quién eres? / ¿Quizá la memoria?", leemos en el poema "¿Y tú quién eres?". Yo quitaría la respuesta dubitativa, y afirmaría radicalmente: "La memoria", a secas, sin quizás. Sí, soy la memoria, no hay más. Eso es lo que soy. Pero, por otro lado, al mantener la interrogación y la duda, el poema gana en intriga e intensidad, puesto que el temblor existencial

(Kierkegaard) siempre es garantía de verdad y de lentes largas. Y ese es el caso de este libro, siempre cercano de las fuentes verdaderas, que no son otras que las de la propia experiencia de la autora, vertida en otras preocupaciones, que atraviesan todo el libro, aunque este dividido en tres partes. No importa, esos compartimentos no son ni remotamente estancos, sino todo lo contrario: se comunican entre sí, porque esas preocupaciones los atraviesan y unifican en una misma visión.

Así, la preocupación por la contemplación está en todos ellos, desde la primera parte –"Lieder para dos voces y piano"–, hasta la última –"Obertura Naturaleza"–, pasando por la intermedia –"Contrapunto". La trama musical, explícita, como se ve, incluye ese proceso vital al que llamamos *contemplación*, y que, como digo, Isabel considera decisivo en su forma de relacionarse con las cosas y, fundamentalmente, con la naturaleza. La contemplación atrapa esencialmente lo que existe y le da un rango supremo, por el cual, quien contempla, se incorpora a esa grandeza esencializadora, y así el tiempo parece detenerse y se logra por tanto una victoria decisiva, clave en la trama profunda de este libro: la victoria contra la muerte y, en consecuencia, el acceso a la eternidad. Por eso debemos seguir viviendo, tal como nos desafía uno de los mejores poemas del libro, "¿Qué razón me invita a seguir?" La respuesta aquí no ofrece dudas: hay que seguir viviendo porque así conocemos la trama sagrada de la realidad que nos anuncia que podemos salvarnos gracias a ella. Para que eso ocurra es necesario detener la mirada, hacer que se pose sobre las cosas, obligarla a prestar atención, y de eso modo esperar la revelación de lo que la autora llama "el universo intangible" (lo que está más allá de lo visible, decía Baudelaire). Y, con él, una vez más, la eternidad: "Aquí mi reposo. / Mi eternidad".

La presencia de la naturaleza da una viveza especial a este libro, lleno de esas miradas contemplativas que lo convierte en una delicia permanente, por no decir en un descubrimiento renovado de esas realidades. El aire, en consecuencia, suena a música —"Acógete a su canto"—, y el agua a inocencia, como el pájaro, la flor, la mariposa... De ahí ese imperativo: sé como ellos, y descubre con ellos ese ser protegido por la inocencia. Las percepciones de una bióloga (Isabel), impregnadas de emoción, son parte del vuelo de este libro: "Una abeja dormita/ en el nectario de una flor. / Nidal/ al dulce abrigo de la nieve/ y la memoria". Y un mirlo puede sobresaltar y procurar una renovada conciencia, limítrofe con ¿el paraíso?: "Antes de que el sol asome, / amanecen los mirlos. / ¡Qué poco duermen! / Yo procuro entender/ su incansable diálogo, / su canto por la tierra/ entre las sombras de mis ojos. / Un día más/ comparto con los mirlos/ un libro y un cuaderno/ que abrazan mis manos en el alba. /Alba de julio ardiente, / suspiro de misterio y mansedumbre".

Los poemas en general tienden a la brevedad. Es más, toda la sección segunda, *Contrapunto*, una sucesión de aforismos que mezclan pensamiento y lirismo y que apuntan siempre a lo esencial, como ocurre con el resto del libro. Isabel en esto tiene un

11

dominio casi perfecto, y no me resisto a celebrarlo con la transcripción de la siguiente joya, titulada *De feria*:

> Los faralaes del lirio
> –de blanco tafetán–
> revolean alegres
> al ritmo de las castañuelas
> del viento.

Una mujer a contraluz, es decir, una mujer que es espíritu puro, que no necesita para revelarse más luz que la que nace de dentro, tal como dice una y otra vez este precioso libro, que me ha hecho pensar más de una vez en uno de mis ídolos absolutos: Emily Dickinson.

Ángel Rupérez

Hoy necesito el cielo más que nunca.
No que me salve, sí que me acompañe.

Claudio Rodríguez

¿Y qué es morir? ¿Qué es lo que desvela
tanto al hombre que eterno quiere ser?

Juan E. Hartzenbusch

CONTRALUZ

Érase una ventana
de doble cruz

Érase una mirada fija
en una fachada gris
y seis ventanas
de doble cruz

Érase una calle sin ojos
clavados en las ventanas
de doble cruz

Érase una sombra
reflejada
en cada cristal
de cada ventana
de doble cruz

Érase una mujer
a contraluz.

Lieder para dos voces y piano

Canta como si nada pasara.

Nada pasa.

Alejandra Pizarnik

QUIZÁ MAÑANA

Saber esperar es tan difícil...
Friedrich Nietzsche

Un imago de mujer
sonríe al vuelo
y al sol cobrizo que asoma entre las nubes.

Yace en el suelo.
¡Caminante, no la pises!

Piano, piano,
ensaya
algún tímido *vibrato* alar,
algún aventurado *tremolo*.
Busca la armónica sonoridad
de su interpretación,
clave para lograr
el equilibrio de su vuelo.

Quizá mañana...

LIBERACIÓN

No importan los anhelos fallidos.
Cuando el vuelo ocurra
déjate llevar.
El cielo es tuyo.
Tómalo.

FLOR DE LA LUZ

¿Quién del ayer
te ha prometido eternidad
en la penumbrosa tierra de la muerte,
flor de la luz?

Un destello de vida
—denuedo de las almas cansadas—
ondea en el viento.
En el anhelo de su voz
susurran diminutas luces de existencia.

Escucha su fulgor.

LA ESPERA

Nubes sobre nubes.
Agua sobre agua.
Viento.

La lluvia ciega los ojos del cristal que la mira.
¿Qué sones escucha?
¿Qué tacto percibe?

Un lápiz desespera
cansado de dibujar
palabras
de amor y de ausencia.

¡Y el mismo rostro!

ESA LÁGRIMA

Esa lágrima
que dice ser
latido feliz
partícula de aire
velo de lluvia
golpe de luz

Finge

Finge en el frágil lecho de sus ojos.
El desamparo y la tristeza
allí dormitan.

¿Lágrima ebria de sí?

MUJER

Mujer,
no te aflijas.
No escondas la flor de tu rostro
entre zarzales que ahogan.
¿Quién te ha querido mal?

Tu perfume, cálido e intenso,
transciende la palabra del afán justiciero.

¡Muéstrate!
Revela (al mundo) la cualidad de tu belleza.
La verdad de tu ser.

ELLA NECESITA SABER

Llámame esta noche,
sálvame con tus palabras,...
Daniel Benito

Cuando abandonas su espacio
de íntima comunión,
¿por qué la niegas?

¿Hacia dónde vuelan
tu sonrisa azul,
tus palabras amables,
el lento estar de tus ojos
y ese trinar tuyo,
zorzal
de infinitas primaveras?

¿Hacia dónde tu vuelo?
¿Cuál tu nido?

¿HASTA CUÁNDO?

¿Hasta cuándo,
viento,
vas a arrasar
con todo atisbo de serenidad
en el frágil jardín de las emociones?

Hay un cuerpo malherido
que avanza por los rieles de la soledad
con el mismo traqueteo
de un viejo tren
a punto de salirse de la vida.

Y tú, insaciable,
provocas,
insistes,
retas.
¿Hasta cuándo tu impiedad?

Hoy el aire se perfumó de calma, de lirios, de ayeres.
El piano dirigió el sonido de mi memoria.

DEJA QUE SEA TU VOZ

Deja
que sea tu voz
mujer
que te aferras firmemente
al ramaje desnudo
de los inviernos sin promesas
y muestras sin pudor
el displicente rostro
de la vejez resuelta

Un latido tan frágil
habrá de decidir
–ajeno a la nostalgia–
cuál será el mejor viento
y cuál tu eternidad.

EN EL CENTRO DE LA LUZ

Yo siento por la luz un amor de salvaje.

Juana de Ibarbourou

Decae el júbilo del sol.
La música de hojas,
entrañable,
se arremolina en el vacío.

Un destello perpetuo
incendia el horizonte de la noche.
Ella
se ha sentado en el centro de su luz
a respirar.

¿Es la luna quién mira?

INQUIETUD

Los ojos de la egolatría
miran impasibles
el dolor mudo
que mana del cordero.
El cordero inmolado

          no acepta.

¡Pero se nutre de su sangre derramada!

AMNIOTOMÍA

...usted nunca ha parido,
no se ha abierto y cerrado...
Sabrina Barrego

La impudicia del hábito
y el rostro azul de comadrona
denigran a la mujer,
a la sagrada madre:
haberlo pensado antes, niña.

Lo de menos
era la aguja en su amnios
y el manadero de dolor
inundando la soledad de un pasillo.
Y el gemido de la pared.

Tercer hijo.
Así entonces.

TESTIMONIO

El cuerpo tiende al reposo.
El alma tiende a lo eterno.

Rosalía de Castro

Más allá del sufrimiento
entra con valentía en los confines del dolor
y atraviesa el velo de la desesperanza.

Siente
el baile de la dicha,
la débil exhalación de la tristeza,
la inocente sonrisa del consuelo,
el perdón de la noche que hiere.
La evocación del amor.

Es aquí,
donde el frío se encuentra con la ternura del anhelo,
el lugar de tu morada.

INTERROGANTES

¿Por qué llaman amor a lo que es posesión
y amistad a lo que es interés?

¿Por qué solo conservan su aroma las flores silvestres
y hay tan pocas mariposas?

¿Por qué el llanto de los árboles
y la mudez de los pájaros?

¿Por qué tanto abandono
y tanto aúllo de muerte al alba?

¡Es tan profundo el vacío!

¿Qué ha pasado
que no tengo respuestas ni versos que me consuelen?

GRITO

Aletea la inquietud
sobre el canto estremecido de su cuerpo.
El deseo de volar se intensifica
según reverbera la luz de la memoria.

¡Que alguien abra la jaula!

Los años permanecen en silencio.

PAISAJE INTERIOR

Habitarme en el silencio.

Retar al miedo que custodia lo prohibido.

Sentirme viva en el último escalón de la conciencia.

Renacer.

Y hacer del secreto el instante de mi morada.

LA PUREZA

La pureza es dulce
y tiene rostro de niña.
Su alma late conmigo en cada poema.

Y el perfume de su nombre.

COMO SI NADA PASARA

Hoy
sesión de peluquería:
corte de pelo con tiralíneas,
cartabón y escuadra.
                    ¿Y mis trenzas?
Silencio.

La niña frunce las cejas y la boca y los brazos…
Piropos de la "estilista,"
coral consuelo de los secadores.
Y un caramelo grande.

Silencio sin adiós.
Silencio asido a la mano materna.
Silencio de los infinitos escalones de la casa.
                    ¿Dónde estarán las tijeras?

Silencio de la puerta con pestillo.
Silencio de las puntas de los zapatos ante el espejo.
                    Manos y tijeras
                        se enredan en su imparable latir.
Silencio del cabello sobre el lavabo.

Como si nada pasara
la niña cruza el umbral de la inocencia
y todos sus gestos gritan:

Mamá, ¡ahora sí!

Súbita lluvia en sus ojos.

LA BICI

La bici me queda grande.
Es verde
como los prados que miran
—por encima del hombro—
a la boina de niebla y carbonilla.
Mi madre confía,
de ahí la bondad de su permiso.

Avanzo, avanzo…
Me siento feliz, poderosa,
domino la bici, la calle, el mundo,
soy la alegría del carrusel de feria,
el secreto de la nube de algodón,
el premio gordo de la tómbola…
Y así
afronto el laberinto de calles
que me llevan y llevan ¡ay!
hasta la (adulta) carretera.

No sé qué viento me empuja
por este campo minado de camiones
que rozan mis alas,
desgarran sin piedad mi osadía,
encumbran mis temores.

Una ermita predice

las luces de un pequeño pueblo.

De allí, un ángel (ignoro cuál)

vuela a mi encuentro

—mis alas en sus alas—

y, ya en el pórtico,

me cubre con su manto de plumas.

Poco a poco

se acercan los susurros que conozco,

letanías de agradecimientos,

suspiros, ¡*Ay esta niña!*

—¿Y la bici? ¿Y mi bici?

—*La bici, bien.*

Shhh…, duerme tranquila.

¿Y TÚ QUIÉN ERES?

—¿En qué otro embuste
vas a sustentar tu felicidad?
—¿Sustentar? ¿Embuste? No entiendo.
—Quiero decir que por qué mientes
para sentirte feliz.
—Yo no miento.
Mentir es pecado (venial)
y para sentirme feliz
no necesito caer en tentación.
—¿Entonces?
—Solo invento historias
para no causar disgustos,
para que no me castiguen…
—¿Cuántos años tienes?
—Siete.
Este curso aprendí de memoria el Catecismo.
Lo pasé fatal con el diablo
el infierno, el purgatorio…, ¡y el fuego!
En mayo hice la Primera Comunión.
—¿Te confesaste?
—¡Claro!
—¿Y qué tal?
—Bien.
—¿Y?

–Le dije que yo era buena.

Que antes de acostarme

hacía la señal de la cruz para ahuyentar al diablo,

y que rezaba a los "Ángeles de la Guarda"

y a los de las "Cuatro esquinitas tiene mi cama"

para que si me moría me llevaran al cielo.

–¿Y así te dormías tranquila?

–Sí, pero después de leer algún cuento

y de que mi madre me arropara,

y me diera, junto con mi padre,

las buenas noches y un beso.

–Oye, ¿y tú quién eres?

–¿Quizá tu memoria?

DEJA QUE LA LUZ SEA MI ALIENTO

No me hables de muerte.
Soy
pájaro, flor, mariposa,
canto, perfume, vuelo,
dulce manantial,
ensueño.

No me infundas terror.
Soy
hierba, calle, trébol,
risa, danza, alegría,
dulce manantial,
ensueño.

No perturbes mi inocencia.
Deja que la luz sea mi aliento.

AL OTRO LADO

El lucero tatuado en mi memoria
está al otro lado del miedo.

¡También el contraluz que te conmueve!

¿QUÉ NOMBRE?¿QUÉ NOMBRES?

> *Nadie te acompaña*
> *mientras vives caído.*
> José M.ª Muñoz Quirós

Hace tiempo
que acumula en su alma
escombros de silencio
vertidos por la voz ajena.

¿Qué nombre recibe
escucharse,
que te escuchen
y no escuches?
> *No sé qué eres.*

¿Qué nombre
suplicar a quien no quiere oír
y negar auxilio e indulgencia?
> *No sé quién eres.*

¿Qué nombre? ¿Qué nombres?

Lluvia de sangre
en sus córneas secas.

POR ESO VIVE

¿Tiembla el agua?
No,
simplemente fluye.
¿Tiembla el cabello de los ranúnculos?
No,
es la imagen del viento adentrado en el río.
¿Y la mujer que a él se orilla, tiembla?
No,
se mece según escucha
cada sonido oculto en su memoria.
¿Ha superado el duelo?
No,
por eso regresa aquí,
al paisaje ungido por la música
y la luz que opaca la sinrazón.

Por eso vive.

LA ALEGRÍA QUE DERRAMA EL CIELO

Mis manos
vuelan entre infinitos soles.
                Intentan
atrapar la alegría
que derrama el cielo inalcanzable.

El pájaro escondido
no grazna.
En su pico yace
el amargo sabor de la tristeza.

            ¡No lo despiertes!

NO ES TIEMPO DE LILAS

Los ojos negros del alba
se te clavaron sin piedad
en el estar recóndito del pecho.
Reconociste en su mirada
la cohorte de dolor
que acompaña la tamborrada de la muerte.

     Estás – Estoy
       ¡Resiste!
No mires sino a mis ojos.
No sueltes mi mano.
     Estamos – Estaremos
       ¡Resiste!

No es tiempo de lilas, amor.
     El aire que te arropa
huele a florecillas silvestres:
        violetas, margaritas,
dientes de león, narcisos, clavelinas …

Escucha su obertura.
¡Acógete a su canto!

ENTRELAZADOS

Siempre buscamos algo más que existir.
Simone Weil

Entrelazados
espacio y tiempo
ocultan
el quebradizo arroyo
que moldea la vida.

Atrapada en ensueños
una mujer escucha
el eco de su eco
y se estremece

La tierra
respira
y calla.

BAMBALINA

En el lenguaje del anhelo,
si estás,
y no te dejas ver,
no eres.

Y el dolor se aferra.

ESENCIA

Se es o no se es...
Lo que se es, no deja de ser nunca.
Juan Ramón Jiménez

Ser
nervadura de savia
y flor de primavera adolescente.
Ser
el cobijo y la sombra
de los silencios del estío,
y semilla de vuelo largo
en las tierras del otoño.
Ser
piel aterida
en los ramajes desnudos del invierno.
                    Y un salto en el vacío.
                    Y un olvido.

Ser árbol femenino singular.
                    Y un grito.

MATICES

Cálido azul sobre la hierba verde.
Ondea la ropa blanca
en la gris cuerda del tendal.

Manojos de rosas rojas
perfuman con su vuelo
el dulce canto de una mujer,

pétalos para el niño
que acuna entre sus brazos.

EN ELLO MI FE

Que sea suave el viento, benigna la memoria.
Y que en la luz vivamos.

Antonio Daganzo

Cuando se agota el sol
y cuento pasos de silencio
entre cirios encendidos
e intento no sentir

          no pensar

             no ser

afloran en mi mente
lágrimas mudas
por cada rostro de amor que anhelo

Quizá mañana hablen.

    En ello

      mi fe.

EN EL MARGEN DE MI SOMBRA

Amor, te imploro:
si tienes algo bello que decirme
escríbelo en el margen de mi sombra
con el lenguaje de luz
que alumbre mi pesar
y mi conciencia reconozca.

Con gratitud.
Amén.

FURTIVO RENACER

Cuerpos despojados de hojas
lamen deseos

Rocío
y briznas de hierba húmeda
sellan el rumor de sus labios
Furtivo renacer

La tierra
fértil
aún.

UNA PALABRA

Tengo la piel estremecida
como de invierno blanco.
¿Alguien dijo ternura
en este espacio umbrío
de alma cansada?

Quizá
la voz del eco que te habita.

Triste de mí,
¿tan solo eso?

TAL VEZ...

¿Qué niebla enturbia tus ojos
cuando contemplas el resplandor del mar?

Las flores del acantilado
se cubren de rocío
cuando susurras su Nombre
y clamas su presencia.

Las flores saben de ti.
De tu amor a la mujer
que fue mar y luna contigo
al abrigo de sus pétalos.
Del profundo sentimiento
que convoca y modula tu soledad.
Tal vez algún día vuelva.
Tal vez...

NO ME DESPIERTES

De mi inocente estar,
no me despiertes.
De mi fe en los recónditos espacios
de la bondad origen,
no me despiertes.
De mi soñar auroras
sin astros que las iluminen,
no me despiertes.

Si crees que mi quietud
es refugio y anhelo,
no me despiertes.
Si intuyes que mi frágil corazón
duerme,
no lo despiertes.
Acógeme en tus brazos, amor.

¡No me despiertes!

RECONOCIMIENTO

Alguien,
en su ir y venir,
rompe los espacios de orfandad del amor
y cambia la geometría de su rostro.

Me reconozco en su fe.
Rezo.

PRIMER NOCTURNO DE CHOPIN

Cuando mi vida
estaba al límite de sus latidos
alguien protegió mis ojos
de la luz hiriente del dolor
y difundió en el aire
pétalos de musical querencia.

Nota a nota
fui pulsando, sobre el piano de mi vientre,
la melodía calma
del Nocturno Op. 9. N°1 de Chopin:
Si Do Re Si Do La Sol (corcheas)
Fa Fa Fa Fa (negras)
Sol Fa Mi Do (corcheas)
Re (blanca) *Si* (negra)...
    ¡Es tan bello, tan bello, tan bello!
Y no era mi presente quien cantaba las notas
sino el pasado de una juventud interpelada.
    ¡Esencia de amor en la memoria!

–¿Y tú dolor?
–En los espacios vacíos de la muerte.

AFÁN

*Durar, permanecer aquí entre el cielo azul
y la tierna hierba que crece en primavera.*
Ángel Rupérez

Tumbarme boca arriba
brazos en cruz
sobre la hierba en flor
y el roce intenso de su aroma

sin más vistas
que el cielo azul-nordeste
y una gaviota vigilante
sobre mi cuerpo quieto

Cerrar los ojos
Sentir la tierra en mí
Retozar
Rodar
Incorporarme al vértigo

Con mi vestido floreado de briznas...
¿quién ante el espejo del ocaso?

DUDAR, MEDITAR

¿Y si el encanto de este día
es el eje de luz de la mañana?

¿Y si el amor es la ternura
dejada sobre el hombro
de un ser abatido?

¿Y si la gratitud
es la sonrisa bondadosa
y no una geometría de la sumisión?

¿Y si vivir es la mirada del espíritu
sobre el arroyo irreversible
de la vida?

Dudar, meditar,
son ritmo natural del pensamiento humano.
Y la creación.

Y TÚ, POETA

La niebla
cae
sobre el asfalto
y una hoja
patina en el alfeizar
cual pájaro asustado
volandero

Y tú
poeta
que acabas de nacer
al verso
buscas refugio
en el espíritu radiante
de la belleza
y nombras
uno a uno
cada cristalito de agua
que se balancea
por las alas y el cuerpo
de tu pájaro quimera

Y abres la ventana
lento
lento
—no se asuste el vuelo—
y extiendes tu mano
y le acaricias
lento
lento
—no se asuste el vuelo—
y le susurras
con labios temblorosos
la pureza de tu amor
y de tu verso

Y bendices lo sagrado
del hechizo
de la niebla
de la hoja pájaro
volandero.

EL ROSTRO DE LA ÚLTIMA PALABRA

Debajo
la tierra
y el umbral de la memoria
malherida y sedienta
Debajo
la semilla inocente
abandonada
al infértil silencio
Debajo
la raíz peregrina
que tiembla
ante la voz de un corazón sin savia
Debajo
el grito del miedo
y la revelación de su noche

Debajo
Debajo de todo
la máscara de la fe
y el rostro de la última palabra.

Contrapunto

I

No es tanto lo que es
sino el espíritu de quien lo contempla.

¿Cuál el cambio?

II

Ese trovador de estrellas
niega al sol el hechizo de su canto.

¿Quiere su noche?

III

Los cuerpos en sedienta afonía.
Las almas solas.

    ¡Tiemblan el aire y el temor!

IV

El tiempo es tan volátil
que la vida se esfuma mientras le nombra.
¡Pido silencio!

V

La línea que dibuja el pensamiento
es límite virtual de la existencia.

¿Horizonte?

VI

La vida,
su fatigoso respirar,
empaña las lentes del tiempo.
Escucha...

VII

La cobardía es el planeta
donde se ahogan los silentes.
         Y nunca mueren...

VIII

Unos ojos de agua miran tras los cristales.

Así el llanto de la tierra.

IX

Por ahí
una bala de hambre y sed
mata a un niño.
Por aquí, una bomba de caprichos.

X

Niños del mundo en extrema pobreza.
¿Sonríen?

La respuesta, en sus ojos.

XI

La imaginación nos hace poderosos frente a las carencias.
Siempre que la carencia no sea un abismo de la nada.

XII

La guerra sepulta los sueños de los vivos.

Vivir y morir es lo mismo.

XIII

Nunca es tardío el arrepentimiento.
A no ser que se adelante la muerte.

XIV

Sentirse muerto en vida es la confirmación
de que estar no es existir.

Y del abandono.

XV

La multitud, que no sabe a dónde,
es la sinfonía de la soledad.

¿Nadie canta?

XVI

Te confundes. Eres tú el que estás solo,
no la noche.

¿Por qué insistes?

XVII

Por amor no se debe admitir *todo*,
porque *todo* es una forma de sometimiento.

> *¡Las gotas de sangre*
> *no son pétalos de rosa!*

XVIII

No esperes a sentir
que sólo tu Yo está contigo y sea vano confiar.
La esperanza es aire que viene y va.
                    ¡Respírala!

XIX

Entre brumas y silencios
la melancolía abre sus ojos al alba.

Renacimiento.

XX

Qué difícil es, para la conciencia,
aceptar la realidad de la muerte.

Razón para la desmemoria.

XXI

De nada sirve el lamento
sino es para que se marchiten los sueños.

Busca entre tus cenizas.

XXII

La luz descubre lo mejor del pensamiento.
En sus cielos de libertad crece la vida.
No siempre.
Cuando es resplandor, ciega.

Obertura Naturaleza

ALGUIEN ME HABLÓ DE UN BOSQUE

Alguien me habló de un bosque
y de una capilla gótica
hermanada con los árboles
en edad y abandono.

Me adentro en su soledad.
                    No hay senda.
Por cada uno de mis pasos
me llega el despertar del sotobosque
y el variopinto crujir de sus bostezos.

Mañana de diciembre y quietud.
                    ¿Alguien más aquí?
¡Es tanta la vida que no veo
y me observa!
¡Y tanta la vida silente
ajena al ruido del tiempo!

Confirmo la ubicación.
Hago equilibrios con el hielo de mis manos,
los bártulos aventureros,
la cámara de fotos,
el eje de mi cuerpo
y el compás de mis latidos.

Entre los árboles desnudos
el sol da paso a unas cálidas notas de luz.

La tierra respira hondo
y su vaho trémulo arropa con ternura
el aterido rostro del paisaje
que me avista:
viejos árboles queriendo tocar el cielo,
troncos muertos o desfallecidos,
ramas huesudas entrelazadas…
y en su epicentro,
coronada,
la pequeña iglesia que es olvido.
Su silencio estremece.
Las luces de cirio
que se filtran por las ventanas
descubren el manto de seda
que todo lo cubre.

Me encamino hacia el altar
y tomo asiento en el banco que lo mira.
Una humilde cruz
cuelga del techo. En las sombras
de sus arcos duermen murciélagos.
También nidos de pájaros que emigran.
                    ¡Cuánta vida aquí!

Alguien dejó sobre el altar,

bajo la cruz,

un ramo de flores frescas.

¿Desde dónde?

¿Y quién?

¿Qué Amor le ha removido?

Mi cámara de fotos tiene los ojos cerrados.

Es momento de meditación.

De sentir el espíritu en paz.

ALEGORÍA

Se cree la hoja
alegoría del pájaro que duerme en el aire.

La brisa maternal
acuna su ensueño.

—Pero, ¿sabe de su muerte?
–Sabe del gozo de su plenitud.

QUIMERA

Un toque de dulzura:
¿Y si en lugar de cristales
fuera azúcar el hielo para la flor?

Ventura para el espíritu
de quien lo sueña.

FASCINACIÓN

Guirnalda sobre las flores.
Festeja el campo la mañana
con destellos de rocío.

Los espíritus de la luz,
danzan.

EL *IRIS* DORADO

Ese *Iris* dorado
en el aún de septiembre
decide asomarse al mundo
en la riba agostada de un arroyo.

Por cada trino de la lluvia
y de la luz
eleva su tallo al cielo
y ofrece el brillo de su floración
con la humildad
de quien no teme ni nada tiene.

¡Loco! Gritan desde sus tumbas
las flores plañideras de la envidia.

Desconocen la fuerza de su credo:
Sólo si me dejo morir,
muero.

SIN SABER

Enraizaron en el barbecho del tejado
y hoy,
al cielo abren sus flores.

Embellecen el rostro de la pobreza.
Sin saber.

RESILENCIA

Al otro lado del miedo,
una abeja dormita
en el nectario de una flor.

Nidal
al dulce abrigo de la nieve
y la memoria.

DOS MARIPOSAS

Suspendidas
en el espacio fugaz del tiempo,
dos mariposas
se citan a escondidas
sobre las ramas de una flor.
Verde sobre verde
simulan hojas
con alas de primavera.

Piano, piano…
silencios íntimos de comunicación.
                    Quietud su culmen.
–¿Gozan?

Muy cerca,
dos amantes
–verde sobre verde–
simulan mariposas.

–¿En ellos la respuesta?

ASOMBRO

En el umbral de la tarde
un desierto de arena
sombrea el cielo.

El sol es espejismo de su rostro
y un dedo niño dice que es la luna.

EL UNIVERSO INTANGIBLE

Amigo, lentifica tu mirada.
detente en el umbral inadvertido,
denuncia a la evidencia que es rutina.

Descubre
el misterio solemne de las sombras,
la identidad del Ser desdibujado,
su epifanía, su morir.
Su florescencia.

Quizás hoy
—lejos de todo estrépito—
te reconozcas ya morada
del universo intangible.

Y sientas el gozo de su inmensidad.

"CONJUGACIÓN" (de dos paramecios)

Soñadores
de un universo microscópico
vagan seres
–que sin saber de causas–
reaccionan a la atracción inevitable,
a la fuerza motriz
que los conjuga en beso prolongado.
Boca con boca,
molécula a molécula,
se desvanecen
los perfiles de la singularidad.

Conscientes, en su inconciencia,
colman su afán de existir
más allá de los límites de lo finito.

EL ABEJARUCO

¡Mirad ese pájaro que vuela!
Es un arcoíris con plumas,
clama Nico.

Y apunta raudo al cielo
con sus lápices de colores
y su mochila de sonrisas desdentadas.

PLACIDEZ

Cada chispita de luz
es una nota en el canto floral de la mañana.

Alguien se aloja en su melodía.
Y sueña.

EL BANCO

Ese banco que camina el monte
bajo la cálida luz de los castaños,
es memoria de voces que se fueron,
consuelo de fatigas.

¿Y la anciana que se abraza a él?

No sabe cómo lo halló muerto
bajo un manto de hojas.

¿QUÉ RAZÓN ME INVITA A SEGUIR?

Entre el silencio que guarda el bosque
se escucha el agua
saltarina.

En su lánguido estar,
ciega la niebla perfiles y caminos.
¿Por qué sigo avanzando?
¿Qué poder primigenio rebrota en tal rumor?

Arrecia el viento.
Huye la niebla por los bordes de sombra.
Ya liberado, el sol
descubre el reino de las cumbres
y la serena belleza del paisaje.

Sendero arriba
el rumor se hace coral.

Oculto en un rincón de la arboleda
un gran salto de agua
da fe de la belleza y armonía de su canto.
Cada voz
es un *alto* hacia los árboles,
un *vibrato* en el aire de los pájaros,

una *llana* hacia el musgo de las rocas,
una *coloratura* en el registro de las flores.

Aquí
mi reposo.
Mi eternidad.

¿DE QUIÉN LA CULPA?

Una mujer se orilla al torrente
El torrente inunda las rocas
Las rocas se abrigan de musgo
El musgo bebe del agua
El agua pasa sin mirar a quién
Quién patina en las rocas
Las rocas escuchan un grito
El grito calla

El torrente culpa al musgo
El musgo al agua
El agua a quién
El grito al impacto

¿Y la mujer?

PRIVILEGIO

El viento ha desnudado a la peonía.
Sobre ella
danzan los postulantes
ávidos de su tenencia.

Trasciende el susurro del deseo.

Delicado descenso al reino oculto
                    —cálido, íntimo—
de los sueños.

Ebrios de su ambrosía
se abandonan.

¿Gozar para morir?

DE FERIA

Los faralaes del lirio
–de blanco tafetán–
revolean alegres
al ritmo de las castañuelas
del viento.

DESTINO

Cuando el viento te vuele
y te haga sentir pájaro o mariposa,
no olvides,
sámara,
que la gravedad de la luna te hará caer.

HOJAS DE AGUA

Tras el vuelo otoñal,
unas viajeras hojas siguen el curso del arroyo
adheridas firmemente a su memoria.

Otras dormitan en recodos
como peces salvados que esperasen.
Como voz del silencio.

Las hay que,
suspendidas en la espuma,
imaginan ser cúpula y eco de su algarabía.

Ese afán...,
¿no será miedo a morir en tierra seca?

UN AÑO MÁS

Antes de que el sol asome,
amanecen los mirlos.
¡Qué poco duermen!

Yo procuro entender
su incansable diálogo,
su canto por la tierra
entre las sombras de mis ojos.
Un día más
comparto con los mirlos
un libro y un cuaderno
que abrazan mis manos en el alba.
Alba de julio ardiente,
suspiro de misterio y mansedumbre.

Las lágrimas de un niño
renacen de sus pesadillas.
Las persianas se desperezan.

También la calle
con sus quejidos de ciudad.

CONTEMPLACIÓN

En esta noche de plenilunio
todo son luces en el puerto.

Cada barquita, su estrella.
Su silencio.
Su gaviota.

ENIGMA

Desciende el alma hasta un mundo invisible
suspendido y sereno.
La belleza desea revelarse
en delicado tacto.

Sobre la piel del bosque,
el ballet de las hojas
en un oculto centro de pureza.

Arraigado a la tierra
—en lo profundo del ocaso—
un corazón susurra:
Solamente preciso
una lágrima de felicidad.

ANHELO DEL POETA

Versos
entre los pétalos de flores.

Anhelo del poeta:
un soplo tímido del viento
y un corazón donde brotar.

Coda

"Lo mejor de nuestras ideas, lo más fuerte y vivo de nuestra personalidad, florecerá algún día en la conciencia de nuestros descendientes, aunque se olvide el origen, como la rosa opulenta ignora el humilde escaramujo de que desciende".

Santiago Ramón y Cajal

Poemas que son ofrenda

CONTRALUZ es un poema cuyo resplandor ilumina a Carmen García Vega, adalid de la vida y de la amistad por siempre. Musa de mis "érase".

MUJER está dedicado al corazón sensible y generoso de Susana Fraile. Amiga y poeta que, como la peonía, muestra toda su belleza al amparo de la umbría timidez.

DEJA QUE LA LUZ SEA MI ALIENTO es para Paquita Dipego, mi paisaje, mi cielo, mi mar, mi denuedo. Mi poeta. Mi amiga.

POR ESO VIVE está dedicado a Elena Muñoz por ser, en mi memoria, la sonrisa y el abrazo que salva.

NO ES TIEMPO DE LILAS es un guiño a la impredecible noche del alba, y un canto floral a la vida y al amor. Jesús B. S. es el destinatario de este poema.

RECONOCIMIENTO es un poema dedicado a María Jesús Beristain, sabedora desde hace tiempo de mi cariño y admiración. Su fortaleza y su arte me acompañan.

DUDAR, MEDITAR está dedicado a Presina Pereiro, gran analista de la vida y amante de la creación literaria. Fiel y querida amiga.

EL IRIS DORADO abre sus pétalos a Marieta Lobt al amparo de su luz, de su amor, de su esperanza. En su cáliz, el néctar de mi cariño y de mis abrazos.

ÍNDICE

CONTRAPUNTO

OBERTURA NATURALEZA

Esta edición de

UNA MUJER A CONTRALUZ

de Isabel Fernández Bernaldo de Quirós

se terminó de imprimir
en febrero del año 2026

 Ondina Ediciones